Costruzione Veicolo

AF103718

LIBRO DA COLORARE

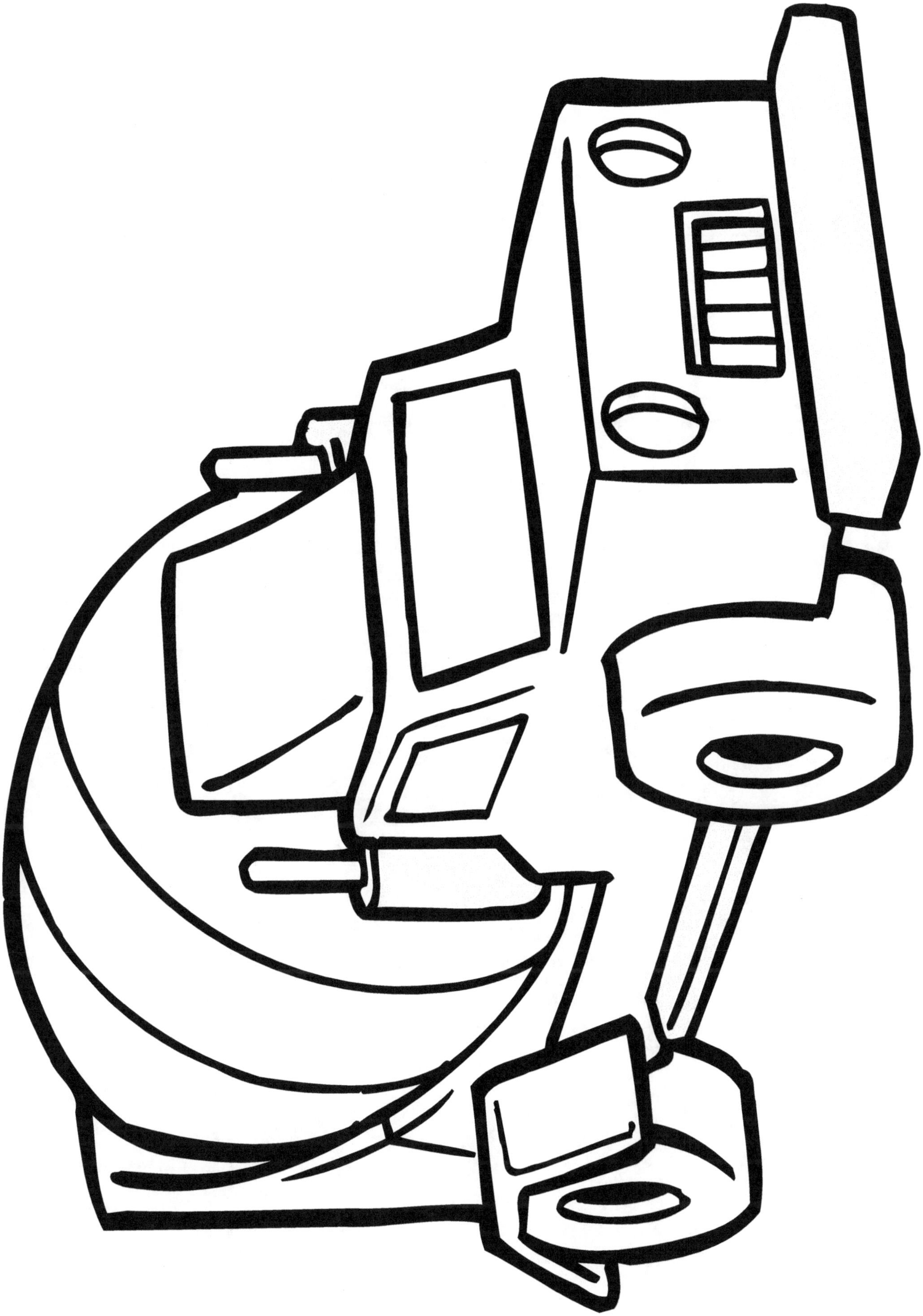

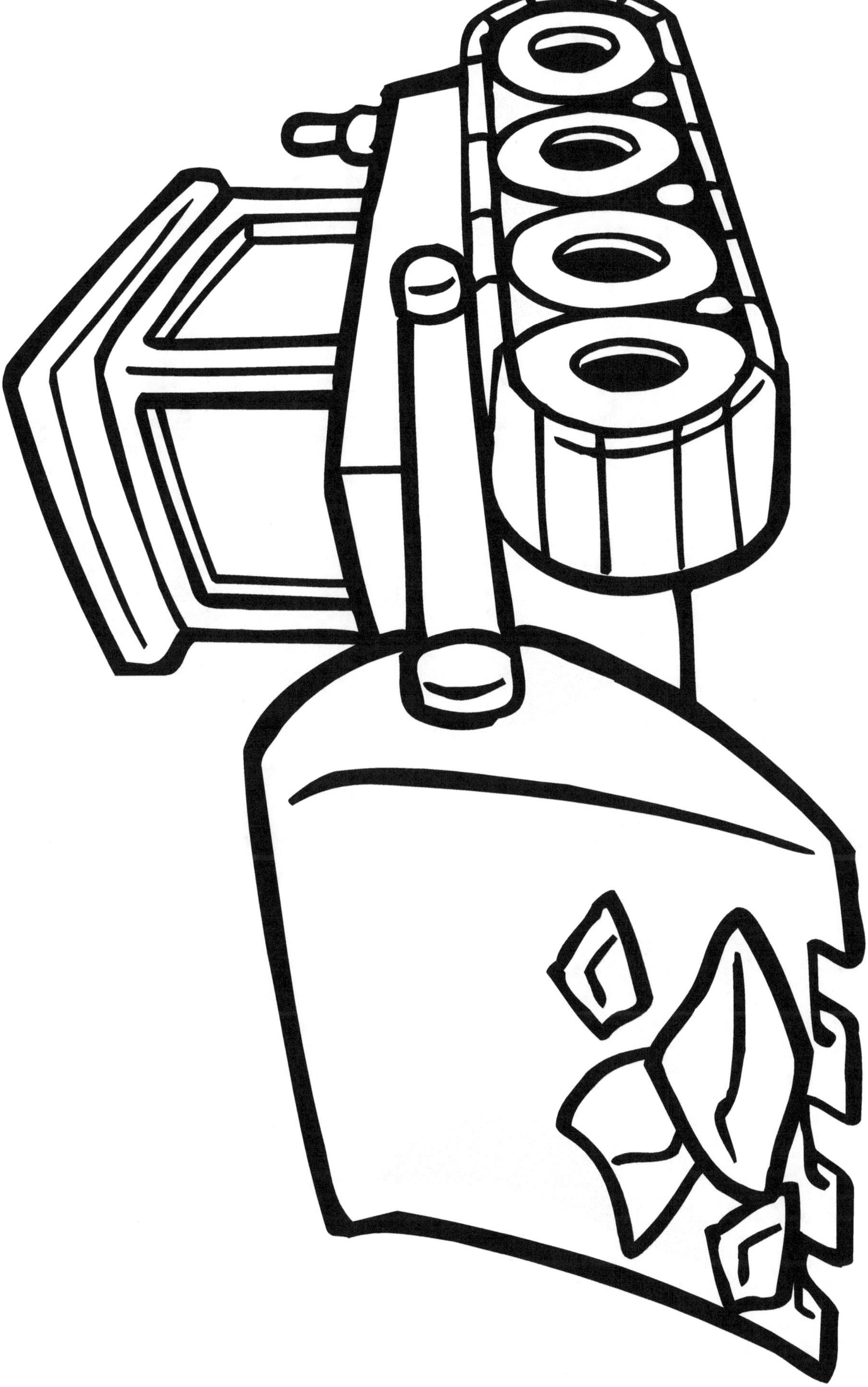

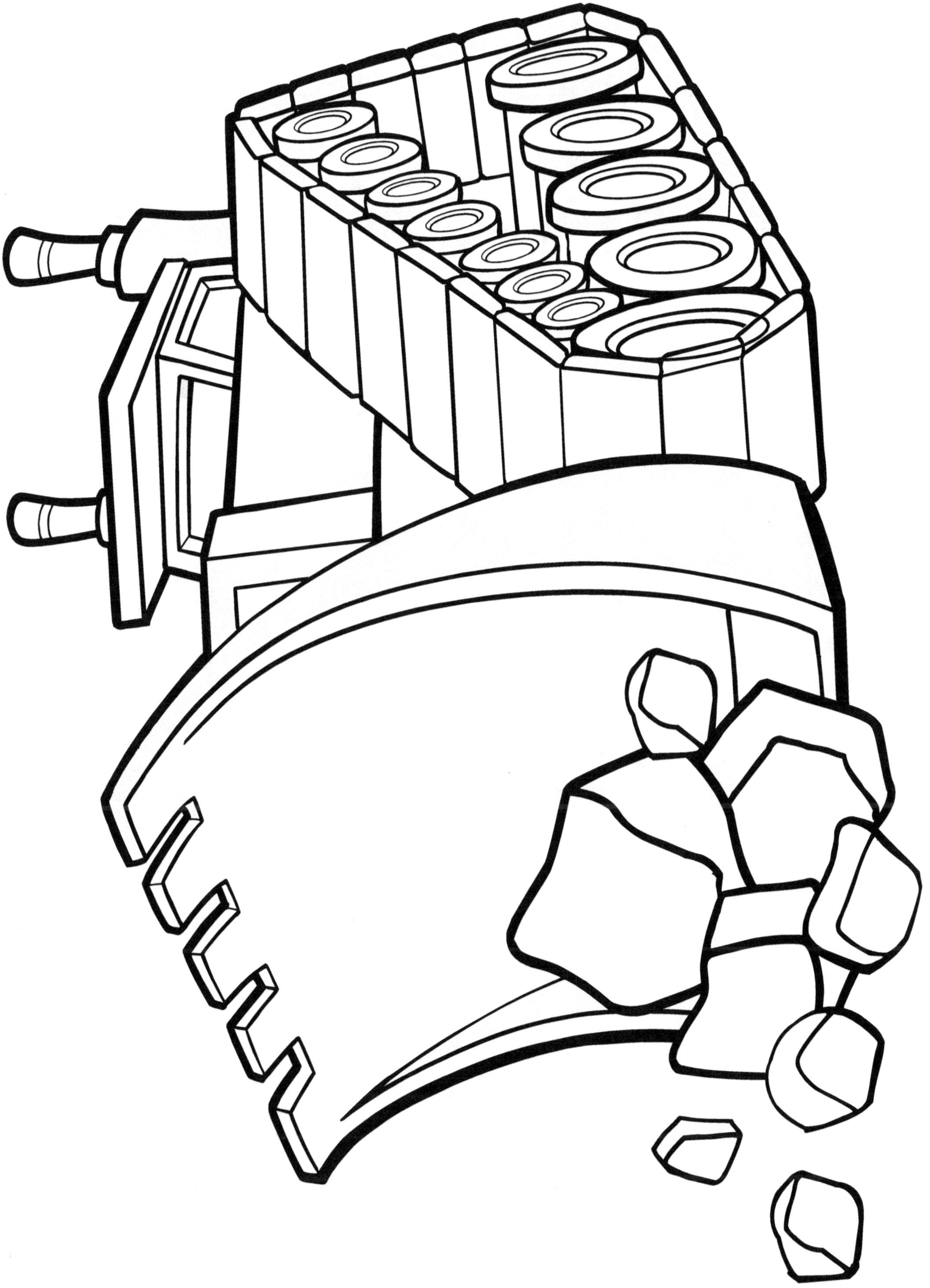

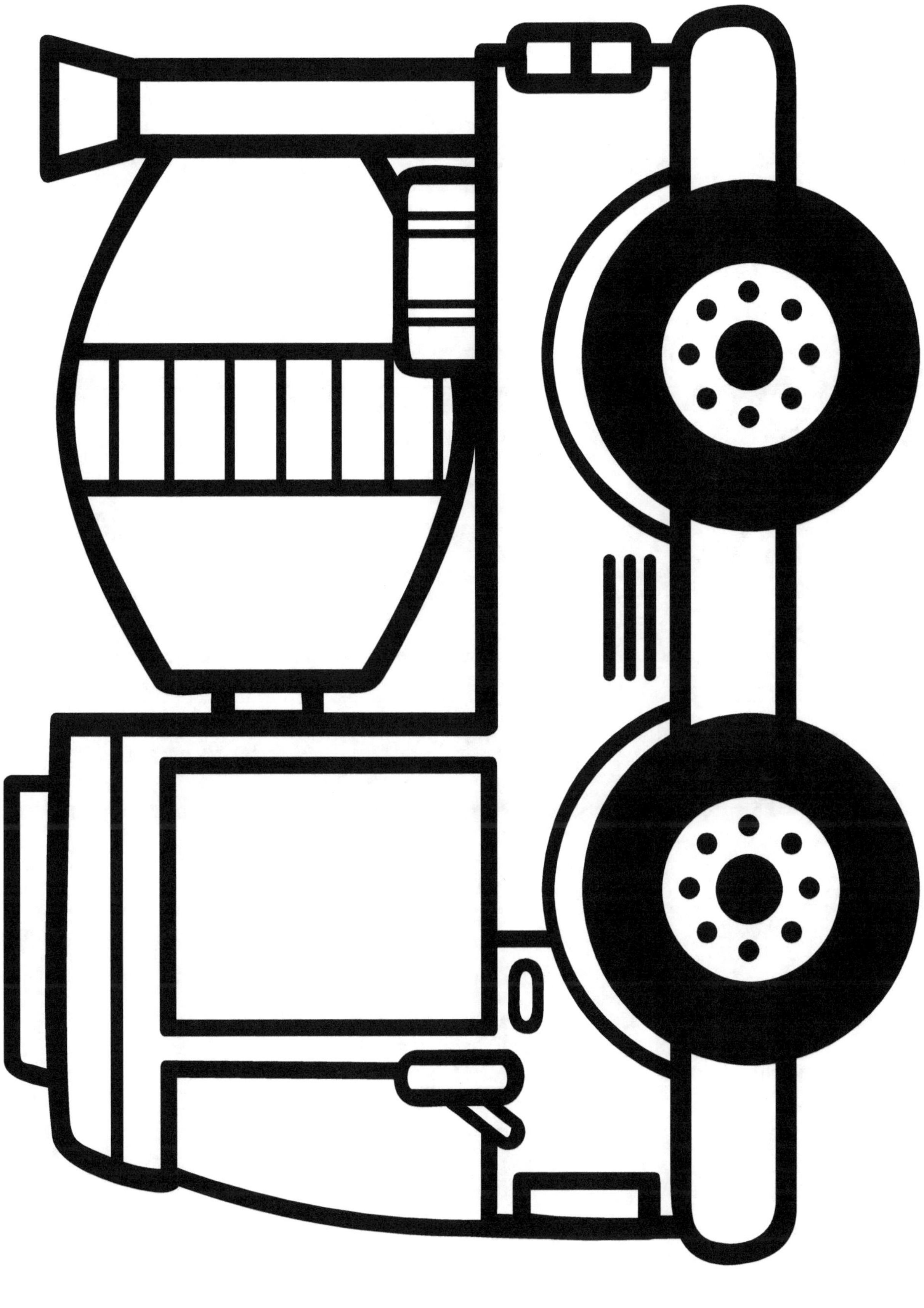

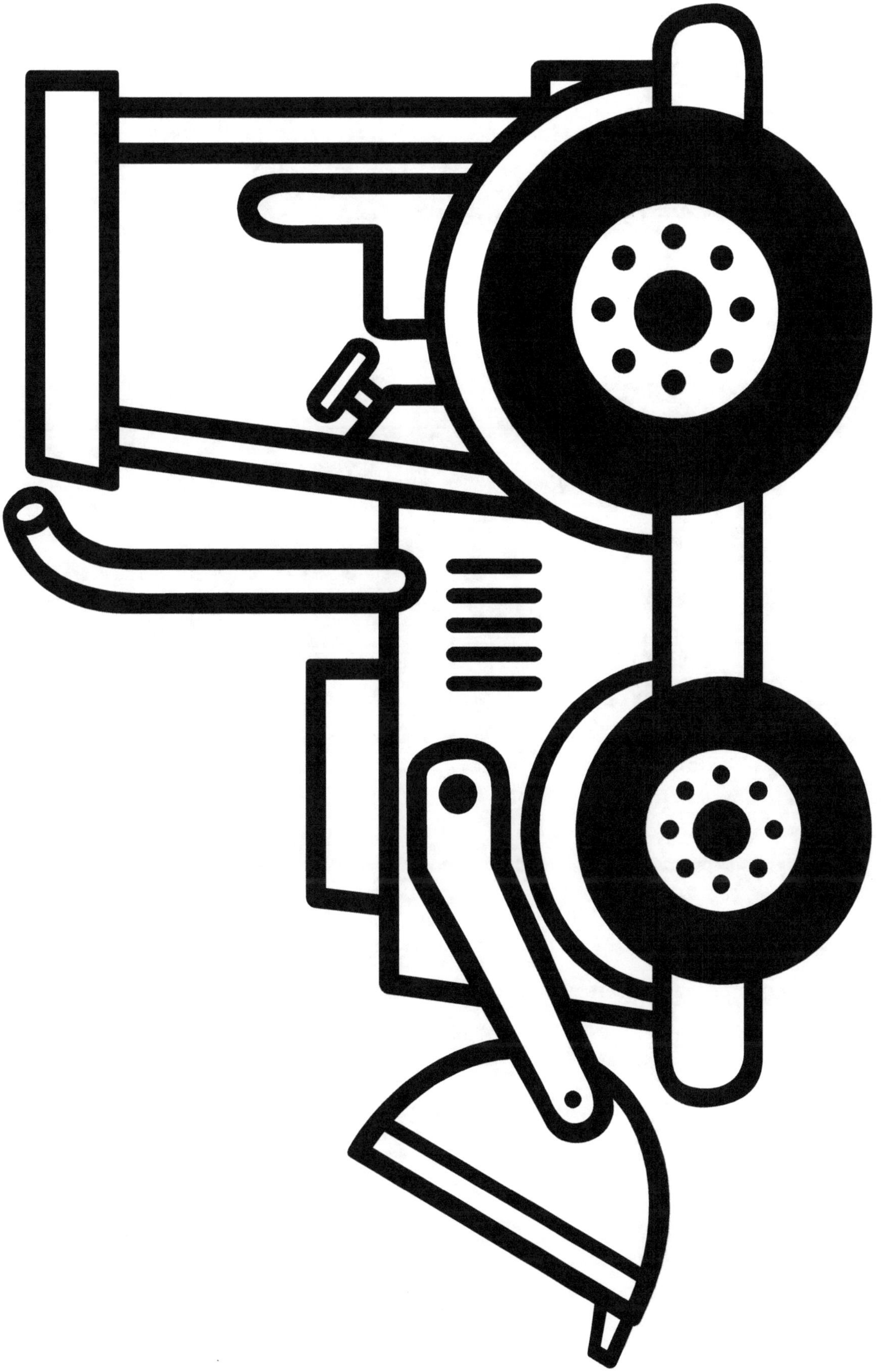

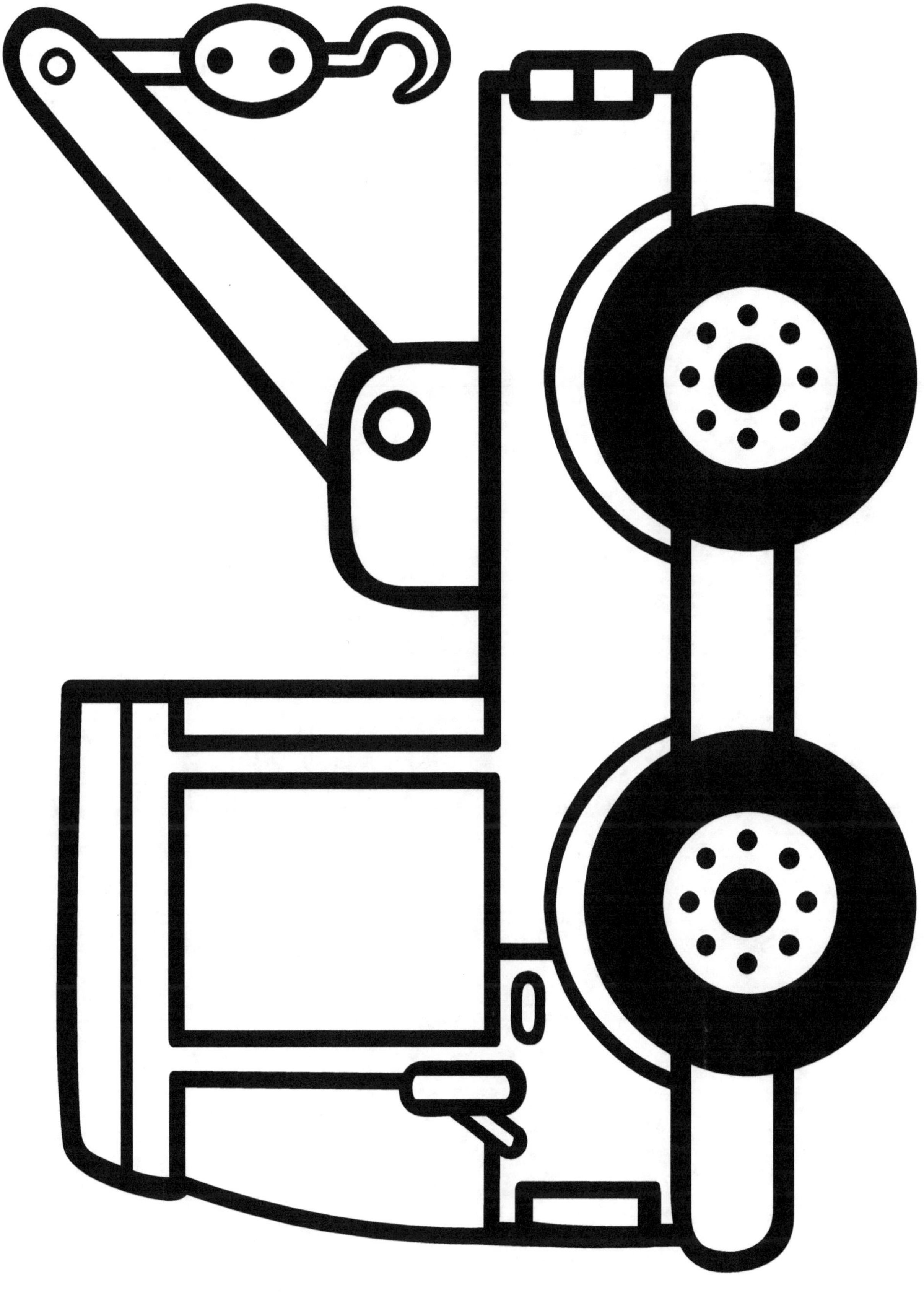

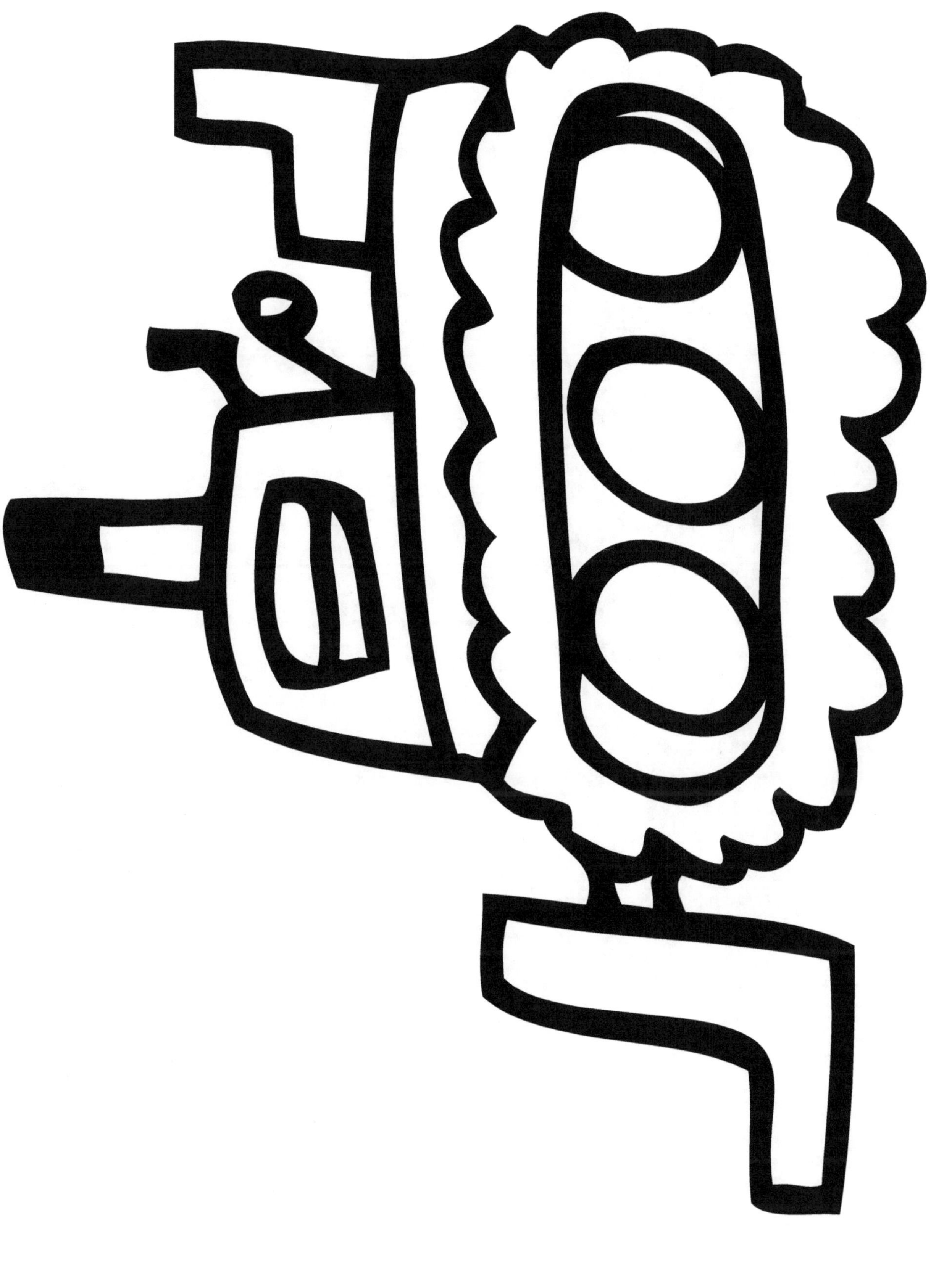

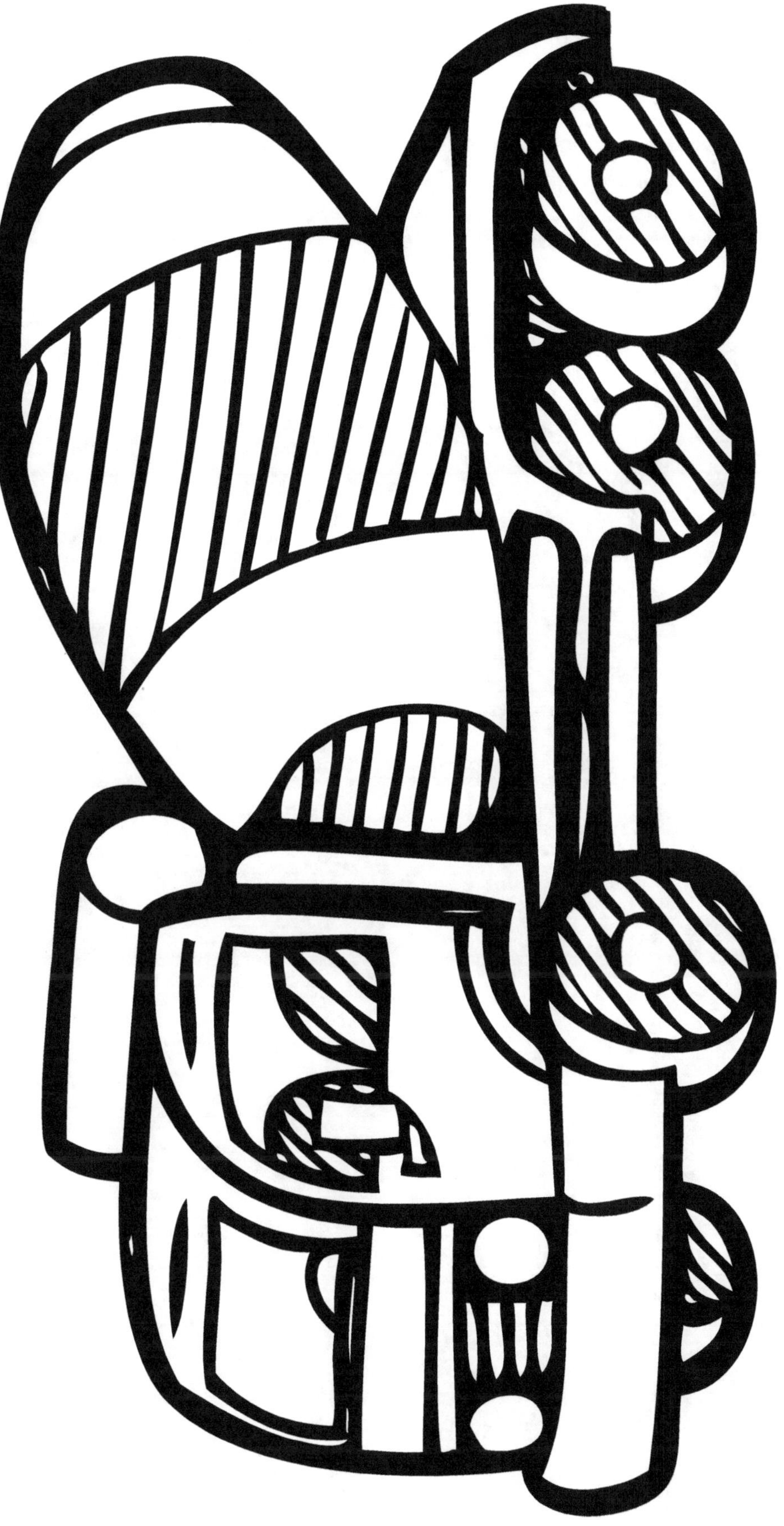

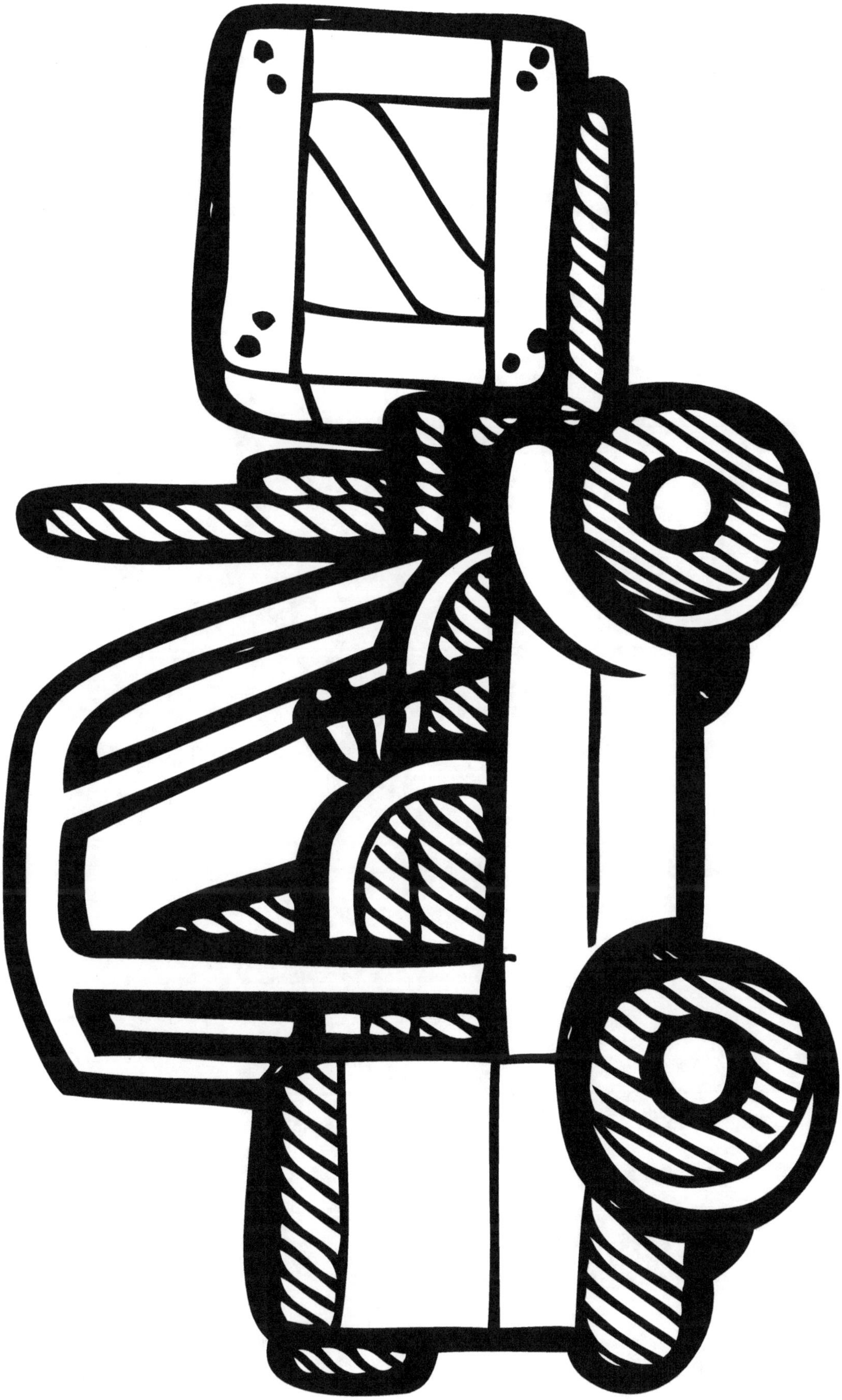

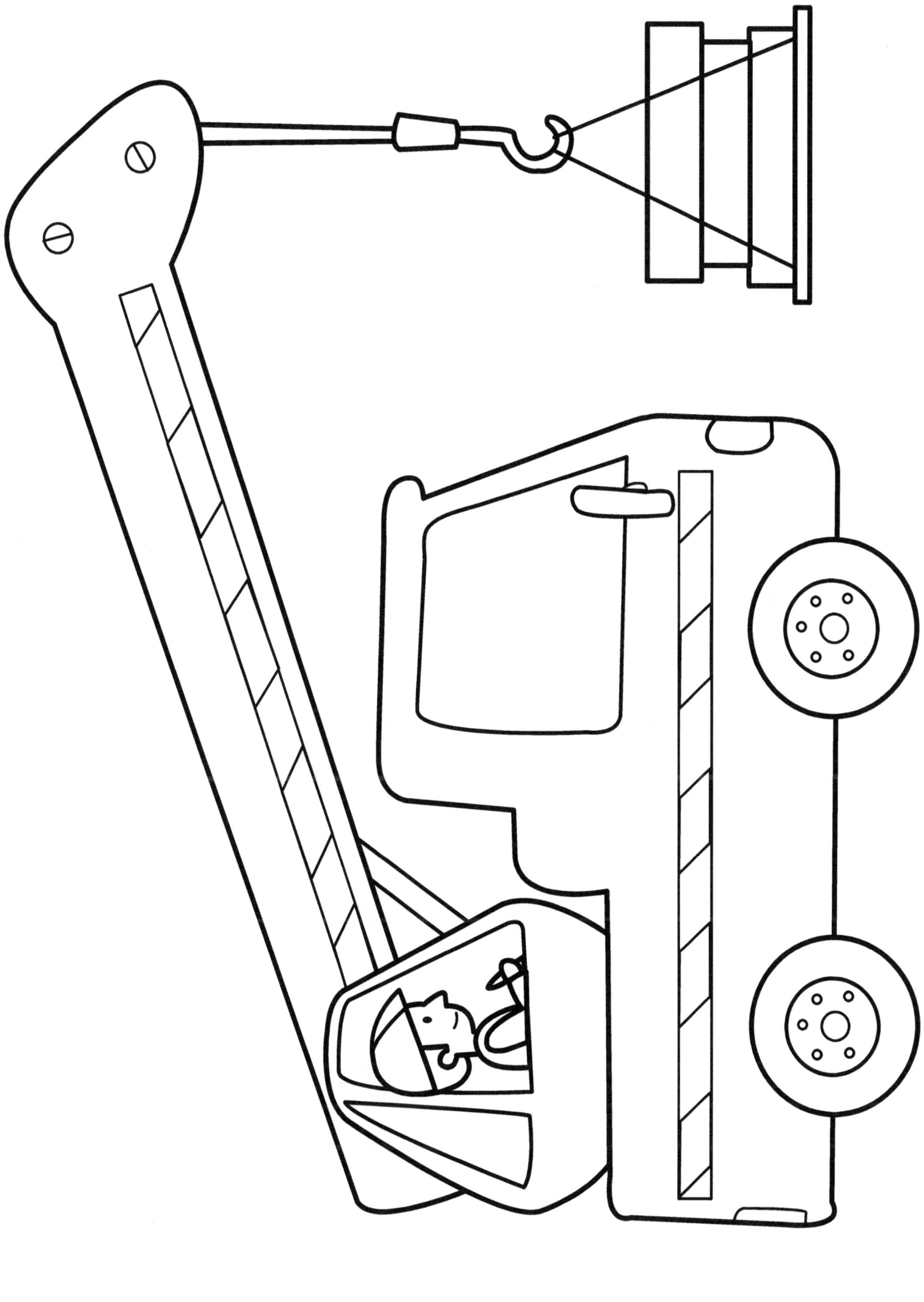

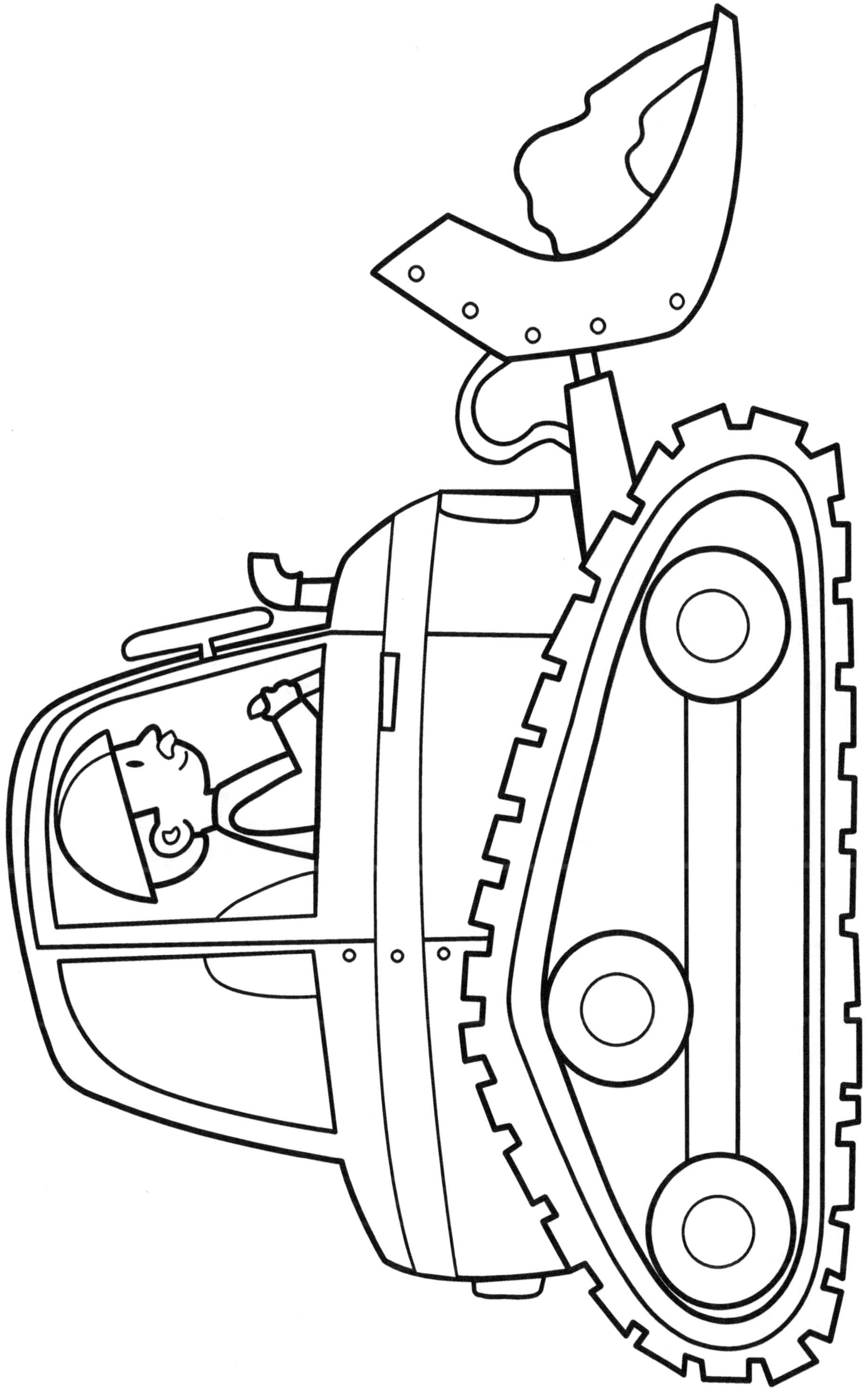

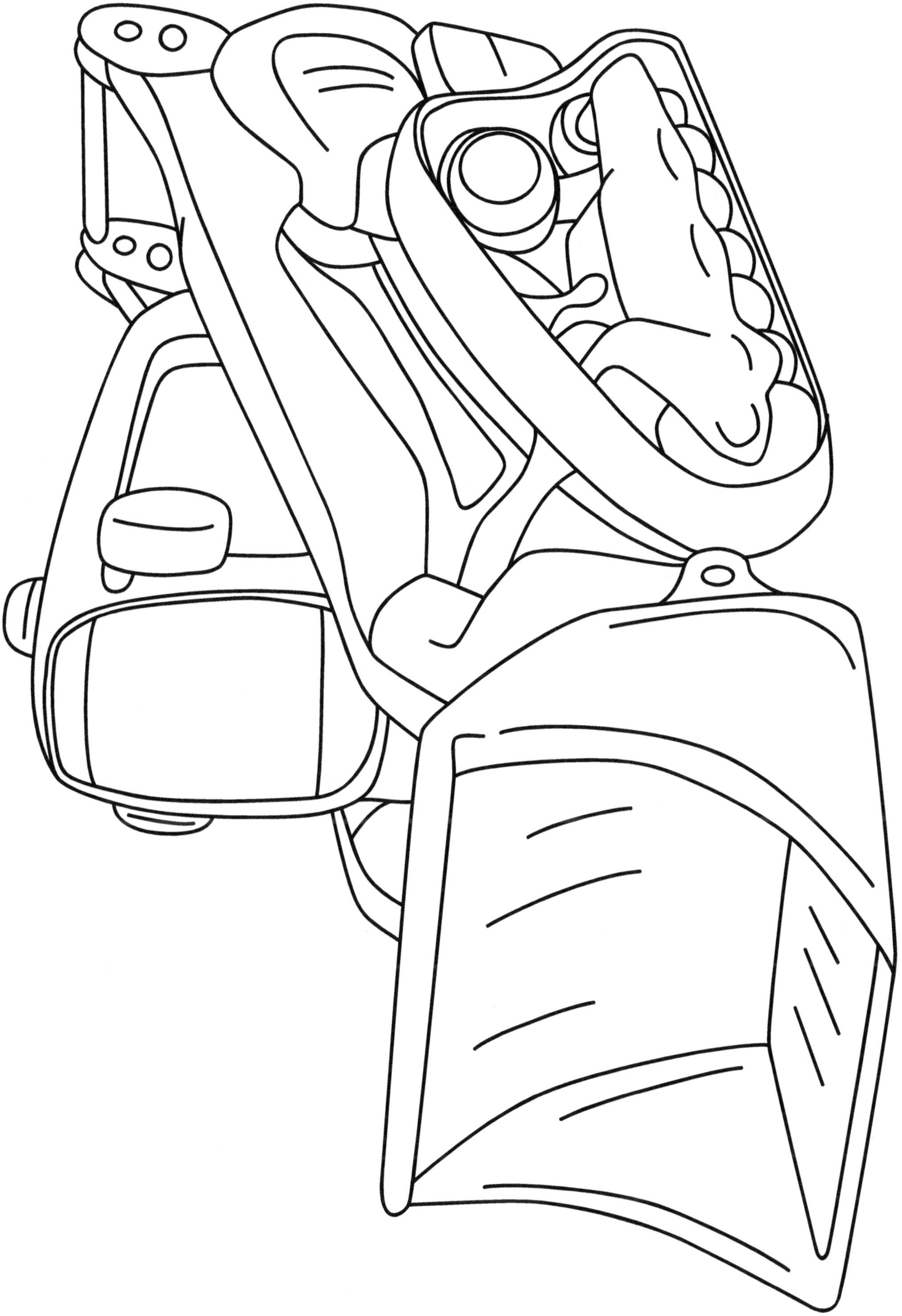

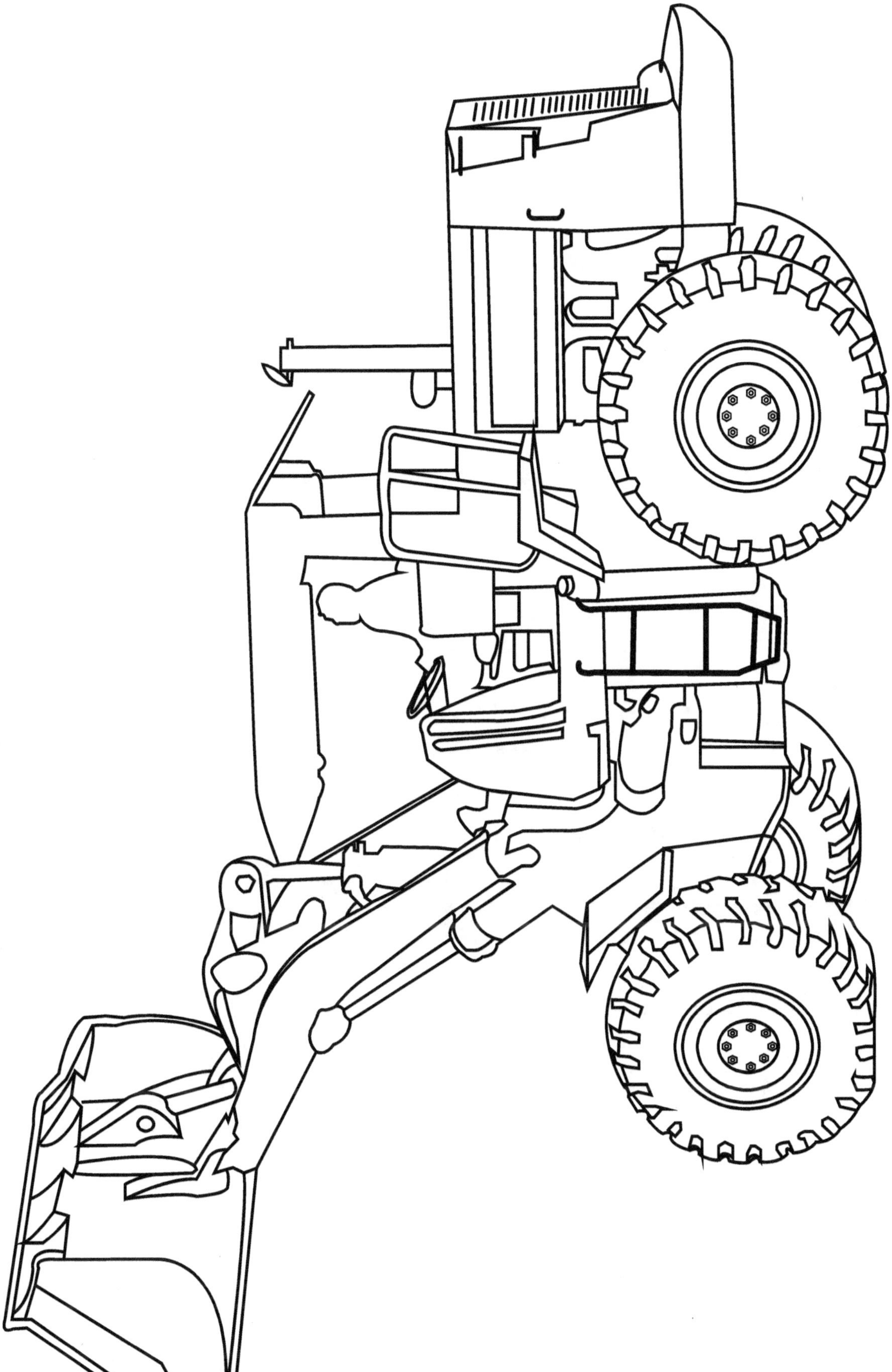

www.ingramcontent.com/pod-product-compliance
Lightning Source LLC
LaVergne TN
LVHW081545060526
838200LV00048B/2219
9781682122822